Karina Schenk

Das kleine 1 x 1 des Channeling

Karina Schenk – Ashame
Angel on Earth

Das kleine 1 x 1 des Channeling

Das erste Channel-Handbuch

freya
VERLAG

Dieses Buch ist jedem Engel
in Menschengestalt gewidmet.
Jedem Engel, der seine Berufung hört
und in sein Leben nimmt.

ISBN 3-902540-31-1

Verlag Freya/Linz/Austria
www.freya.at
Zeichnungen: VS 10 in Linz (wie die Kinder die Engel sehen)
Umschlag: Grafikdesign von Melanie
printed in EU

Die vorgestellten Anleitungen wurden nach besten Wissen und Gewissen weitergegeben.
Die Autorin und der Verlag übernehmen keinerlei Haftung für Schäden welcher Art auch immer, die bei der Ausübung des Channelings auftreten können. Die Informationen in diesem Buch sind für Interessierte zur Weiterbildung und Bewusstwerdung gedacht.

Inhalt

Christoph, 12 Jahre

Eine Geschichte zum Anfang
ANGEL ON EARTH – Karina Schenk

Ich hatte schon in meiner Kindheit Begegnungen mit Engeln. Damals habe ich sie gesehen. Ich habe ihre Gesichter und Körper wahrgenommen. Von meiner Familie wurde das mit der Bemerkung „zu viel Fantasie" abgetan. Heute weiß ich es besser.

Mein ganzes Leben hat mich das „Mystische" nicht losgelassen. Ich selbst ging zu Kartenlegern, Wahrsager usw. Doch nirgends konnte ich für mich die Energie finden, die ich suchte. Ich habe mir auch viele Hexenbücher gekauft, nicht nur deshalb, weil es im Trend lag. Manche Rituale fühlten sich für mich vertraut an und ich versuchte immer, einen Zugang zu finden. Leider vergebens. Heute weiß ich, warum, ich wurde, vor vielen, vielen Jahren auf einem Scheiterhaufen verbrannt.

Kurse – ich besuchte auch viele Kurse und Seminare. Ich lernte Kartenlegen, Pendeln und vieles mehr. Auch das brachte nicht die richtige Befriedigung.

Dann, eines Tages, durch „Zufall" (wir wissen ja, dass es Zufälle nicht gibt), habe ich eine Telefonnummer von einer Channlerin bekommen. Ich habe nicht lange gezögert und sofort angerufen und einen Termin ausgemacht.

Als dann endlich mein Termin herangekommen war und sie zu channeln begann, war das für mich wie – endlich zu Hause. Juchu! Ich hatte mehrere Channelsitzungen bei ihr und dann wollte ich unbedingt eingewiesen werden, in diese Thematik.

Sie hat mir dann ein paar Grundanweisungen gegeben und ab da habe ich nur noch gechannelt. Ich habe einfach angefangen und meine ersten Fragen gestellt. Es war so berauschend. Einfach herrlich. Ich habe jeden Tag gechannelt und konnte nicht genug davon bekommen.

Aber es hat mich auch ermüdet. Nach jedem Channeling musste ich zwei bis drei Stunden schlafen. Ich war auf die Frequenz noch nicht eingestellt. Obwohl ich die Gabe in mir hatte, musste ich mich erst auf diese Energie einstellen.

Im Laufe der Zeit wurde das Channeling perfektioniert, denn ich wurde immer besser und habe angefangen, es ganz einfach zu halten. Alles im Leben ist so kompliziert und ich wollte es eigentlich immer ganz einfach haben.

Mit jedem Klienten, der zu mir kam, probierte ich Neues. Alles hat sofort funktioniert. Ich war und bin von der Einfachheit und von mir überzeugt, daher funktioniert es auch so gut.

Ich ging noch ganz normal meinem Beruf als Sekretärin nach und channelte nach der Arbeit für Freunde und Bekannte. Da merkte ich dann, dass es mich nicht mehr erfüllte, in einem Büro zu arbeiten und meine Berufung nur am Abend auszuüben. Ich überlegte lange hin und her aber dann öffnete ich mich den Signalen aus der Überwelt. Ich machte mich selbstständig und meldete ein Gewerbe an. Der Vorgang allein war schon lustig, denn niemand wusste, in welche „Schiene" man mich reinschieben sollte oder wo ich einzuordnen war.

Aber ich bekam meine Gewerbeanmeldung und endlich konnte es losgehen. Der Anfang war schwierig. Ich verteilte Flyer in der ganzen Stadt – von einigen Menschen wurde ich sofort abgelehnt, andere wollten wissen, um was es beim Channeln geht.

Ich konnte endlich zeigen, was ich tat und was es bewirkte. Man wurde auf mich aufmerksam. Hallo – da bin ich.

Wir leben im Zeitalter des Internet, deshalb musste eine Homepage her und vieles mehr. Nach einiger Zeit lernte ich die sehr nette Redakteurin einer Zeitung kennen, die sich traute, über das Thema „Channeln" einen Bericht zu schreiben. Sie kam für ein Interview zu mir nach Hause und hat sich alles ganz genau erklären lassen. Eine Woche später war ich dann auf der Titelseite. Die ganze Seite Bericht über meine Kontakte mit „oben" und die Erklärungen dazu haben offenbar vielen Menschen gefallen.

Sie reagierten einfach super darauf. Mein Telefon stand eine ganze Zeit lang nicht still und die E-Mails strömten nur so herein. Es war wunderbar, zu sehen, wie reif die Zeit für dieses Thema war und dass die Leute nur darauf gewartet haben, dass endlich jemand an die Öffentlichkeit geht und sagt: Ich kann das.

Seitdem ist mein Terminkalender immer über Monate ausgebucht und die Klienten werden immer mehr. Zufriedene Klienten. Sie kommen alle gerne wieder.

Ich habe jeden Tag Channels und an jedem Tag lerne ich etwas dazu. Die geistige Welt schickt mir immer wieder neue Aufgaben und neue Fähigkeiten. Jeder Channel ist für mich wie eine Schulung. Gigantisch, wie präsent die geistige Welt ist, wenn man sich auf sie einlässt.

Gisela

Die Welt des Channeling

Channeling kommt vom englischen „Channel" - der Kanal. Bei allen Menschen ist dieser Kanal da, aber wir haben verlernt, ihn zu öffnen und mit ihm umzugehen. Meistens entstehen die ersten Verbindungen im Kindesalter, doch die Eltern und das Umfeld lehnen dies ab. Unter solch ungünstigen Voraussetzungen schließt sich der Kanal, der vorher geöffnet war, einfach wieder. Er geht zu. Als Erwachsener hast du dann meistens Probleme, diesen Kanal wieder zu finden. Du musst schwierigste Techniken erlernen, um ihn wieder zu öffnen. So ein Bild entsteht in der Öffentlichkeit.

Ich bin aber darauf gekommen, dass das Channeling von den meisten Lehrenden verkompliziert wird. Das ist aber gar nicht nötig. Es geht so einfach. Ich habe viele Bücher darüber gelesen und aus manchen konnte ich auf ein paar Seiten etwas entdecken, was für mich brauchbar war. Das floss in meine Arbeit ein. Der Rest war für mich unverständlich oder einfach nur unnötig kompliziert.

Deshalb soll meine Channeling-Anweisung so klar und deutlich wie nur möglich sein. Du sollst die Scheu davor verlieren. Channeling ist nichts Mystisches sondern etwas ganz Normales. Jeder, der es will, kann es!

Marianne

Was bedeutet Channeling für mich

Channeling ist eine wunderbare Erweiterung des Horizonts. Es gibt Kraft und Weitsicht. Du kannst dadurch manche Lebensthemen, die für dich anstehen, früh erkennen und daran arbeiten. Bei heiklen Fragen zur Arbeit oder auch im Freundeskreis kann es sehr wichtig werden.

Channeling ist eine Bereicherung für jedes Leben und mit dieser Bereicherung habe ich persönlich schon vielen Menschen helfen können. Es macht mich klarer und stärker. Ich habe durch Channeling meine Mitte gefunden. Channeling ist mein Leben.

Lisa

Erlebnisse beim Channeling

Meine Wahrnehmung hat sich seit meinem ersten Channeling stark verändert. Genauso wird es auch dir gehen, wenn du damit beginnst. Anfänglich ist alles neu und ungewohnt. Am Anfang habe ich jede Antwort aufgeschrieben, aber nach einer Zeit war mir das einfach zu mühsam. Also habe ich mit meinem Engel ausgemacht, dass ich ihn von nun an hören möchte. Und seit diesem Zeitpunkt höre ich seine Stimme. Es ist einfach herrlich, ihn sprechen zu hören.

Ich habe ihm natürlich alle Fragen zu seinem und meinem Leben gestellt. Meine ganzen Inkarnationen, alles, habe ich erforscht. Wahrscheinlich wird jeder neue Channler so vorgehen.

Erst nach langer Übungszeit mit mir selbst habe ich angefangen, für andere Menschen zu channeln. Ich wollte zu 100 % sicher sein, dass ich es richtig beherrsche. Die Verantwortung, die du übernimmst, wenn du für jemanden channelst, ist riesengroß. Wer sie auf die leichte Schulter nimmt, ist fehl am Platz. Zu viele treiben in diesem Bereich ihr Unwesen.

Die Erlebnisse, wenn ich für Klienten channle, sind immer wieder ganz besonders.

Eine Klientin hat nach ihrem Vater, der noch lebte, gefragt, sie wollte wissen, wie es ihm geht. Als ich ihn channelte spürte ich sofort eine gewisse Begrenzung, Zusammengedrücktheit, Gepresstheit. Es fühlte sich an, als befände er sich in einer Art Gefangenschaft. Als ich ihr das erklärte, sagte sie mir, er sitze seit 6 Monaten im Rollstuhl. Jetzt wussten meine Klientin und ich, wie es sich für die Seele anfühlt, im Rollstuhl zu sitzen.

Auch bei einem Ehepaar gibt es Unterschiede. Auch wenn sie dieselben Fragen stellen und auch der Sinn der Antworten gleich ist, bekommen sie dennoch verschiedene Worte für die Antwort. Da beide Ehepartner ein unterschiedliches Auffassungsvermögen haben, kommen die Antworten unterschiedlich rein – aber mit derselben Aussage.

Ausnahmen bestätigen die Regel:

Ich hatte ein Klientenpaar, wo beide den gleichen Weg gehen, aber sie noch nicht so klar war, wie ihr Partner.

Bei ihm sind die Antworten ganz genau gekommen – auf den Punkt. Bei ihr war es noch nicht so definitiv. Da waren eindeutige Abweichungen zu seinen Antworten.

Eine andere Klientin wollte etwas über die Gesundheit ihres erwachsenen Sohnes wissen und ich channelte ihn. Ich konnte mich kaum bewegen, solche Herzschmerzen hatte ich. Als ich ihr sagte, dass ihr Sohn ein Herzproblem hat, meinte sie: „Das weiß ich, deswegen geht er morgen ins Krankenhaus, um sich operieren zu lassen." Die Gesundheitsfragen spüre ich an meinen eigenen Körper und so weiß ich auch ganz genau, was den Leuten fehlt oder wo es zwickt. Meine Engel schicken mir diese Antworten einfach über meinen Körper.

Ich bin mit meinen Erfahrungen noch nicht am Ende. Mit jedem Channeling schicken mir meine Engel einen neuen Lernschritt. Ich weiß nie, was auf mich zukommt und was mich erwartet. Das macht es aber auch sehr spannend. Dir mag es einmal ähnlich wie mir - oder ganz anders ergehen.

Dominik, 11 Jahre

Wie man das Channeln lernt

Meine große Liebe und ehemaliger Lebenspartner wollte Channeling erlernen. Ich brachte es ihm bei. Meine Freundinnen wollten es dann auch erlernen. Alle konnten sehr gut channeln.

Seit ich für andere Menschen channele, kommen immer mehr Fragen zum Thema Ausbildung. Jeder will wissen, ob er/sie es kann und was man dafür wissen muss. Meinen ersten Kurs hielt ich mit vier Frauen. Alle waren begeistert und alle konnten danach channeln und channeln auch heute noch.

So hat alles begonnen. Die Anmeldungen für die Kurse wurden immer mehr und ich halte jetzt 2-mal im Monat Kurse ab. Ich verfeinere die Ausbildung laufend. Auch ich lerne bei jedem Kurs, bei jeder Channel-Sitzung etwas dazu. Was ich verbessern kann, wird bei der nächstmöglichen Gelegenheit umgesetzt.

Ich arbeite sehr viel mit Musik, da die meisten Teilnehmer gut damit umgehen können. Es erleichtert den Zugang zur anderen Welt und bringt eine spezielle Energie.

Maxi, 3 Jahre

Erfahrungen

Ich werde oft gefragt, warum man bei mir Channeling in einem Tag lernen kann und woanders über Tage zu einem Seminar gehen muss. Der Grund ist leicht erklärt. EINFACHHEIT. Bei mir ist alles einfach, weil das echte Leben einfach ist und das sollen meine Ausbildungen widerspiegeln. In der Einfachheit liegt die Kraft. Die heutige Zeit ist für manche schon kompliziert genug – Channeling muss einfach gehen.

Eine Teilnehmerin hat ihr Erlebnis damit so beschrieben:

Lange bevor ich mich zum Channel-Kurs angemeldet habe, überlegte ich, ob ich geeignet wäre, ob meine Nerven mitspielen würden (ist ja immerhin nichts Alltägliches, ich kam mir ja fast vor wie „auserwählt"), wie es sein würde, etc.

Eines Tages war es so weit, kurz entschlossen meldete ich mich an. Morgens um 9 fanden wir uns zu viert in Karinas Wohnung ein, machten ein paar Übungen zum Einstimmen und anschießend begann Karina mit dem rhetorischen Teil, der für mich persönlich ganz wichtig war. Es ging dabei nicht nur darum, wie man die Verbindung herstellt, sondern auch darum, wie man sich schützt, um die richtige Formulierung einer Frage, um das eigene Wunschdenken usw.

Schließlich war der große Moment da, jeder probierte für sich, eine Verbindung herzustellen. Vor lauter Aufregung klappte ich fast zusammen. Es war mir dadurch nicht möglich, einen Kontakt aufzubauen. Ich zitterte wie Espenlaub, nicht mal in der Mittagspause kam ich zur Ruhe.

Der Fehler war, dass meine Gedanken „kann das wirklich sein?" sich manifestierten. Ich, als ewige Zweiflerin, hatte mich dadurch selbst ins Abseits gebracht.

Die anderen drei Frauen channelten gleich von Anfang an mühelos, als hätten sie nie etwas anderes gemacht. Tja, was soll ich sagen, ich war riesig enttäuscht, Karina, die das merkte, wollte mir helfen, indem die Verbindung eben durch sie erfolgen sollte. Vom Gefühl her wollte ich das jedoch erst alles verdauen und mich zu Hause alleine dazu setzen.

Und was soll ich sagen: Innerlich zur Ruhe gekommen und nach ein paar Sätzen mit meinem Schutzengel war es endlich so weit. Ich war fähig, zu channeln. Wieder machte ich den Fehler, zu zweifeln. Ist das nun mein Schutzengel oder sind das meine eigenen Gedanken? Jedes Mal, wenn diese Zweifel aufkommen, ist erst mal Schluss mit der Connection. Erst, wenn ich mir wieder selbst vertraue und es einfach geschehen lasse, ohne zu hinterfragen, erst dann gelingt die Verbindung wieder. Tja, Engel sind nun mal keine Menschen, aber auch sehr empfindliche Wesen.

Nico, 6 Jahre

Welche Eigenschaften musst du haben?

Vertrauen, Offenheit, Eigenliebe und Ehrlichkeit sind die wichtigsten Fähigkeiten die du besitzen musst, wenn du channeln möchte.

Vertrauen zu dir selbst

Wenn du an dir zweifelst, wird es nicht funktionieren. Denn wenn ich mir selbst nichts zutraue, wie kann ich mich dann öffnen und der geistigen Welt vertrauen? Geht nicht, oder? Vertrauen heißt auch, sich führen lassen. Ich lege beim Channel auch Vertrauen in die geistige Welt und das geht nur, wenn ich mir selbst vertraue.

Offenheit

Offenheit ist ganz wichtig. Nur wenn ich für Neues offen bin, kann ich mich auch der geistigen Welt öffnen. Es werden vielleicht auch Antworten kommen, mit denen du nicht gerechnet hast. Wenn du nicht offen bist, wirst du sie nicht annehmen können. Und dann verfehlst du das Thema Channeling. Man betreibt es ja, um Neues dazuzulernen.

Eigenliebe

Das ist eines der wichtigsten Themen beim Channeling. Du musst dich selbst lieben, denn die geistige Welt bzw. die Schutzengel lieben dich auch. Diese Gefühle für dich spürst du auch beim Channeln. Du kannst sie aber nur wahrnehmen, wenn du dich selbst liebst. Channeling ist sehr gefühlsbetont und daher ist die Eigenliebe wichtig.

Ehrlichkeit

Vor allem zu dir selbst. Du musst die Antworten annehmen können, das geht nur mit Ehrlichkeit zu dir selbst. Denn lügst du dich an, kannst du die Antworten nicht verstehen und umsetzen.

Wenn du diese 4 Eigenschaften in dir vereinst, dann steht einem Channeling nichts mehr im Weg.

Manche Irrtümer

Ich werde bei Channelsitzungen oft gefragt, ob man Vegetarier oder Nichtraucher und Antialkoholiker sein muss, um spirituell zu sein, bzw. um das Channeln erlernen zu können.

Ganz einfach und klar: Nein.

Du brauchst nur auf dich selbst hören und spüren, ob du das alles auf dich nehmen möchtest. Ich bin kein Vegetarier, Raucher und trinke bei Feiern gerne mal ein Glas Wein. Dennoch beherrsche ich das Channeling. Ich lasse mich nicht von Themen abhängig machen und lebe mein Leben. Ich esse gerne mal Fleisch und habe trotzdem den Channel. Und wenn ich ein Gläschen mehr trinke, macht es auch nichts. Am nächsten Tag finde ich trotzdem wieder den Kontakt. Es steht nirgends geschrieben, dass ich mich geißeln muss, um mein spirituelles Leben zu leben. All diese Dinge hindern mich nicht, zu channeln.

Genauso ist es mit dem Schmuck. Wenn du dir einredest, der Schmuck an deiner Hand hindert dich den Kontakt zur geistigen Welt aufzunehmen, dann wird er

Martin, 10 Jahre

dich auch daran hindern. Hast du aber den Gedanken: „Es ist egal, ob ich Schmuck trage oder nicht, ich stelle den Kontakt zu meinen Engeln her", dann wird dich der Schmuck auch nicht stören. Du machst es dir mit deinen Gedanken selbst, ob dich etwas stört oder hindert.

Auch kursieren noch immer Geschichten, dass Channeling etwas mit Toten zu tun hat. Es gibt eigene Medien, die nur zu Seelen von verstorbenen Menschen Kontakt aufnehmen. Aber ein Engelchanneling wird nur über die Engelsenergien geführt. Natürlich channle auch ich ab und zu Seelen von Verstorbenen, aber nur, um einem Klienten die Chance zu geben, sich von einem geliebten Menschen verabschieden zu können.

Ein anderer weitverbreiteter Irrtum ist es, dass Channler alles wissen und alles sehen können (z. B. die Aura), den ganzen Tag meditieren und immer gut drauf sein müssen. Eindeutig eine Irrmeinung. Wir sind Menschen wie andere auch und leben wie jeder andere.

Michi, 9 Jahre

Wofür kannst du Channeling einsetzen?

Channeling ist vielseitig für berufliche wie private Fragen einsetzbar. Die meisten meiner Klienten kommen mit Beziehungs-, Berufs- oder Familienthemen. Außerdem bewegen sie oft Fragen zu Krankheiten oder Inkarnationen (frühere Leben). Es werden auch Fragen über andere Planeten, Kornkreise, Naturkatastrophen wie Tsunami, Orkane und vieles mehr gestellt.

Auch aus der Wirtschaft finden sich immer mehr Leute ein. Wenn eine neue Filiale gebaut werden soll und dafür mehrere Standorte zur Auswahl stehen, dann kann man erfragen, welcher die bessere Energie hat.

Ein absolutes No-No sind Fragen über Lottozahlen, Börsenkurse und Aktien. Ein gutes Medium channelt diese Fragen gar nicht.

Gabriela, 7 Jahre

Wie oft darf man channeln?

So oft man will. Es gibt keine festen Channelzeiten. Ich channle am Tag bis zu 8 Stunden, 5-mal pro Woche und es hat sich noch keiner beschwert. Ein Problem kann es werden, wenn du immer wieder ein und dieselbe Frage stellst. Da werden auch die liebsten Engel irgendwann verzweifeln. Da kann es einem schon passieren, dass man keine Antwort bekommt oder der Engel sich auch einmal verweigert. Solche Dinge habe ich schon erlebt. Einer Freundin von mir ist es so ergangen. Erst als sie sich wieder anderen Themen zuwandte, war ihr Engel wieder einsatzbereit.

Carolin, 8 Jahre

Wie die Engel mit dir reden

Welche Kommunikationsform ein Engel wählt, kommt immer auf diesen speziellen Engel an. Manche reden gerne in Metaphern, andere reden so „geschwollen" – dass man gar nicht weiß, was er jetzt will. Aber man kann ihnen schon sagen, wie man es gerne hören möchte. Wenn du die Antworten nicht verstehst – dann kannst du ihm jederzeit sagen, bitte spreche in einer Sprache, die ich verstehe. Der Engel wird sich daran halten. Es ist auch völlig egal, welche Muttersprache du hast. Die Engel können alle Sprachen. Ich channle ab und zu Tobias, der wird in Englisch genauso wie in Deutsch gechannelt. Völlig egal.

Johann, 9 Jahre

Das Geschlecht der Engel

Die Engel sind eigentlich „unisex" – das heißt, sie haben kein Geschlecht. Sie sind reine Energie. Für unseren Verstand haben sie weibliche und männliche Namen. Unser Verstand sträubt sich nämlich, ein „neutrales" Wesen anzunehmen.

Aber welches Bild du auch immer von deinem Engel in deinem Kopf hast, behalte es. Es ist völlig egal, wie er aussieht, es ist dein Engel!

Anna, 10 Jahre

Wie kommst du zum Namen deines Engels?

Das ist ganz einfach. Frage deinen Engel danach. Er wird ihn dir selbstverständlich geben. Es kann ein ganz einfacher Name sein oder auch ein Laut. Dann bitte ihn, diesen Laut für dich in einen Namen umzuwandeln. Er wird dir gerne seinen Namen „übersetzen".

Malvine

Der Unterschied zwischen Erzengel und Schutzengel

Der Schutzengel steht dir persönlich zur Seite. Er unterstützt dich in deinem persönlichen Leben. Er achtet auf dich und ist in vielen Situationen eine große Hilfe.

Der Erzengel steht an der Spitze der Engelhierarchie. Er war nie ein beseeltes Wesen (laut einem Tobias-Channel). Die Erzengel sind für uns alle da – nicht für einen Menschen allein, sondern für Jedermann/Jedefrau.

Madleine

Erzengel

Chamuel

Seine Farbenergie ist Rosa bis Lachs-orange.

Chamuel hat die Leichtigkeit, Harmonie, Schönheit, Beziehungen, Beschwingtheit, Kreativität und das Mitgefühl in seinem Bereich.

Er fühlt sich heiter, leicht, sanft, weich und trotzdem kraftvoll an. Es ist als ob er einen umarmt, oder man fliegen könnte.

In welcher Situation rufst du ihn:

- bei Beziehungsproblemen
- wenn du dich alleine fühlst
- bei Problemen in der Familie, am Arbeitsplatz
- wenn du durchhängst
- wenn dir das Lachen keinen Spaß mehr macht
- wenn du kreativ sein möchtest, z. B. ein neues Bild malen möchtest
- wenn du Probleme mit deinem eigenen Spiegelbild hast

Gabriel

Seine Farbenergie ist Weiß.

Gabriel hat die Wünsche, Sehnsüchte, Lebensfreude Hoffnung und Freiheit in seinem Bereich. Aber auch Klärung und Neuanfang. Er ist ein Bote zwischen der Seite hinter dem Schleier und der Erde.

Er fühlt sich wundervoll an, freudig und Hoffnungspendend.

In welcher Situation rufst du ihn:

- bei Veränderungen in allen Lebensbereichen
- um deine Lebensfreude wieder zu steigern oder zum festigen
- um deine Sehnsüchte zu orten
- um Botschaften, die du empfangst leichter zu verstehen oder um Fragen dazu zu klären

Haniel

Seine Farbenergie ist Hellbau.

Haniel hat die Freude, das Selbstvertrauen, die Selbstsicherheit und die Kraft über.

Er fühlt sich entspannt und sanft an.

In welcher Situation rufst du ihn:

- um dein Selbstbewusstsein zu stärken
- deine Selbstsicherheit aufzubauen
- bei Entscheidungsfragen
- wenn Leid und Kummer in deinem Leben sind
- um dein Innerstes zu finden

Jophiel

Seine Farbenergie ist Gold.

Johiel hat die Bereiche Weisheit, Klarheit, Urvertrauen und Bewusstseinswerdung über.

Er fühlt sich sanft und entspannt an.

In welcher Situation rufst du ihn:

- wenn du zu dir finden willst
- dein Urvertrauen wieder herstellen möchtest
- wenn du eine Verbindung zum göttlichen Selbst aufbauen möchtest
- in Entscheidungssituationen
- wenn du deine eigene Klarheit suchst
- auf deinem Weg der Bewusstseinswerdung

Metatron

Seine Farbenergie ist Gold und Weiß.

Metatron hat die Kraft für Neues über. Es versprüht die bedingungslose Liebe, hilft bei der Suche nach der eigenen Göttlichkeit und der Würde.

Er fühlt sich klar und rein an. Doch auch sehr kraftvoll und stark.

In welcher Situation rufst du ihn:

- wenn du deine Selbstliebe suchst
- wenn du leichtfertig bist
- wenn du deinen übertriebenen Stolz loslassen möchtest
- wenn du auf der Suche nach deiner eigenen Göttlichkeit bist
- um die richtige Energie zu finden, neue Wege zu gehen

Michael

Seine Farbenergie ist Blau.

Michael hat den Bereich Geduld, Barmherzigkeit, Liebe, Klarheit, Reinigung, Schutz, Kraft, Mut, Wahrheit, Struktur, Gerechtigkeit, Willensstärke über.

Er fühlt sich beschützend, stärkend und klar an.

In welcher Situation rufst du ihn:

- wenn du Schwierigkeiten hast
- wenn du Schutz brauchst
- wenn du nach Gerechtigkeit suchst
- für Unterstützung bei Problemen
- um deinen Mut zu festigen
- um deine Willensstärke zu festigen
- Reinigung von Räumen und deiner Auraschichten
- wenn du deine Barmherzigkeit verloren hast
- um kraftvoll neue Schritte zu gehen
- als Unterstützung in allen Lebensfragen

Raphael

Seine Farbenergie ist Grün.

Raphael hat die Bereiche Heilung, Seelenheilung, Stärkung und Liebe über.

Seine Energie fühlt sich weich, reinigend und heilend an.

In welcher Situation rufst du ihn:

- bei Krankheiten und Verletzungen
- als Unterstützung zu alternativen Heilmethoden
- wenn du eine alternative Heilungsform anbietest
- zur Seelenheilung
- bei Liebeskummer – um das verletzte Herz zu heilen
- wenn du dich schwach fühlst
- um Seelen den Übergang über die Brücke der Rosen zu erleichtern

Uriel

Seine Farbenergie ist Rot.

Uriel hat die Bereiche Harmonie, Geduld, Frieden, Entschlusskraft und Struktur über.

Seine Energie fühlt sich stark und energiefüllend an.

In welcher Situation rufst du ihn:

- um Entscheidungen in Liebe oder Beruf zu finden
- für Erfolg auf allen Ebenen
- bei Mutlosigkeit
- bei Harmoniebedürfnis
- um den inneren Frieden zu finden

Zadkiel

Seine Frabenergie ist Violett.

Zadkiel hat die Bereiche Glückseeligkeit, Entfaltung, Wissen, Vergebung, spirituelle Entwicklung, Weisheit und Freiheit über.

Seine Energie fühlt sich einfach nur gut an. Harmonisch und entspannend.

In welcher Situation rufst du ihn:

- um deine Spiritualität zu stärken
- um deinen Selbstwert zu finden
- für deine Seelenheilung
- um deine Fähigkeiten anzunehmen

Das ist nur ein Auszug von den Erzengeln. Es gibt noch sehr viele. Wenn es dich interessiert, es gibt sehr viel Literatur darüber.

Lea, 8 Jahre

Andere Wesenheiten

Es gibt noch sehr viele andere Wesenheiten, die man channeln kann. Z. B Tobias, Kryon und weitere Erzengel, deren es noch sehr viele gibt. Traue dich einfach darüber. Nur - erschrecke nicht. Ihre Energien sind sehr groß. Sie können einen am Anfang fast erdrücken und man ermüdet sehr schnell. Diese Wesenheiten haben eine sehr hohe Frequenz.

Als Channler wirst du sehr viel über andere Energien gefragt und auch über die Schutzengel. Du kannst nicht alles wissen. Macht überhaupt nichts. Wenn es dich selbst interessiert, channle es raus und ansonsten verweise auf Bücher oder das Internet.

Marco, 7 Jahre

Ab wann du für andere Menschen channelst

Erst wenn du dir vollkommen vertraust, kannst du anfangen, für andere Menschen zu channeln. Du solltest dir der Verantwortung bewusst sein, die du übernimmst, wenn du für eine andere Person Channeling betreibt.

Oberstes Gebot sollte Ehrlichkeit und Seriosität sein. Das ist das Wichtigste. Auch wenn bei manchen Fragen keine Antworten kommen, solltest du dies genau so weitergeben. Keine eigenen Gedanken einbringen. Absolutes NO-NO.

Wenn du für jemanden anderen channelst, solltest du dich nur als Sprachrohr sehen und dich nicht in die Geschichte der Person einbinden. Diesen Fehler begehen viele Channel-Medien. Die geistige Welt wird auch nie sagen, „dein Freund ist Widder" – daher ist er so stur. Das sollte dir sofort als Zeichen dienen, dass dieses Medium nicht wirklich seriös ist.

Natürlich ist möglich, dass du auf eine Frage keine Antwort bekommst. Dies ist sogar völlig normal. Dann könnte hier die Gefahr bestehen, einen Lernschritt nicht

Michael, 10 Jahre

zu machen bzw. wäre die Antwort nicht gut für den Klienten.

Horoskope und Tierkreiszeichen sind der geistigen Welt egal. Und auch die Berufe der Menschen, ihre Kleidung und sonst noch ganz viel. Die Engel bewerten nicht. Sie lieben uns.

Lea, 8 Jahre

Wie du Channeling für andere Menschen betreibst?

Du musst dir deiner Verantwortung bewusst sein. Mit falschen Channeling-Aussagen kannst du ein ganzes Leben zerstören.

Channle für andere Menschen nur, wenn du dir zu 100 % sicher bist, dass es reine Channelenergie ist, die von dir kommt. Das bedeutet, du solltest vorher bereits reichlich Erfahrungen mit dir selbst und deinen Freunden gemacht haben.

Bei einem Channeling ist es wichtig, deine persönliche Meinung beiseite zu lassen. Die Klienten wollen nicht deine Meinung hören, sondern die der Engel. Du kannst natürlich gerne deine Meinung dazu abgeben, aber erkläre deinen Klienten immer, dass das jetzt von dir kommt und nicht gechannelt wurde.

Diesen Fehler machen sehr viele Channler. Sie verkaufen ihre eigene Meinung als gechannelte Energie.

Daniel, 9 Jahre

Voraussagen und Prophezeihungen

Frage Karina – aber handle selbst (von Cornelia, einer Klientin von mir). Das war ihr Vorsatz, als sie zu mir zu einer Channelsitzung gekommen ist. Sie hat mir erlaubt, diesen wichtigen Satz für dieses Buch zu verwenden.

Channeling sollte nicht nur zur Zukunftsvoraussage verwendet werden. Viel zielführender ist es, um Lösungen für die anstehenden Situationen bzw. zur Lösung von Blockaden zu bitten.

Für alles gibt es 2 Wege, ob privat oder beruflich. Wenn du dir gerade überlegt, ob du deine Beziehung beenden sollst oder nicht, werden sich meistens 2 Wege als Lösung auftun. Der eine geht mit dem Partner, der andere Weg geht ohne diesen Partner. Die geistige Welt kann dir schildern, wie es bei dem Weg mit deinem Partner weitergeht und welche Energie du hineingeben musst. Bei dem anderen Weg wird sie dir aufzeigen, was noch alles Neues auf dich zukommen kann.

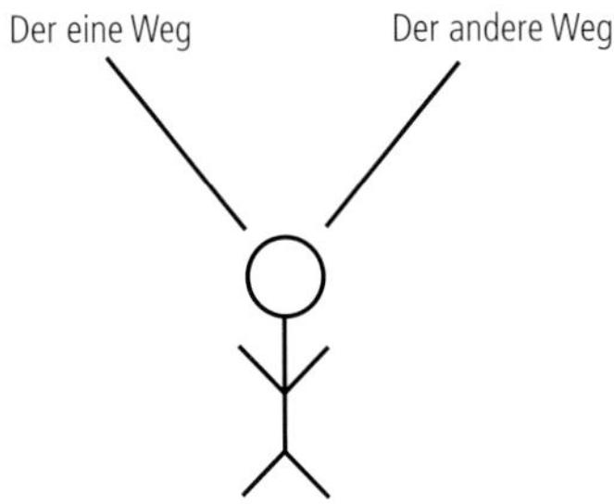

Das bis DU
DU entscheidest welchen Weg DU gehst!
Alles ist eine Möglichkeit

Entscheiden musst immer du selbst, welchen Weg du gehen willst. Die geistige Welt nimmt dir keine Entscheidungen ab. Die Engel helfen dir aber gerne, die „richtigen" Entscheidungen zu treffen. Das mit den Entscheidungen ist so eine Sache. Es gibt nämlich im Grunde gar keine falschen Entscheidungen. In dem Moment wo eine Entscheidung getroffen wurde, ist sie richtig. Was du Wochen, Monate oder Jahre später darüber denkst – ist eine andere Sache.

Wenn aus der geistigen Welt Voraussagen kommen, bezüglich eines ganz bestimmten Ereignisses – sind alle noch genauso eingetroffen.

Die Channlerin/der Channler im Freundeskreis

Wenn die Freunde sich mit diesem Thema auskennen, ist es ja ganz einfach. Aber wer hat nur spirituelle Freunde in seinem Umfeld? Ich nicht.

Manche Freunde sehen das Channeln als ganz normal an und andere versuchen es runterzumachen. Ein großer Lernschritt – mit Kritik richtig umzugehen. Ein sehr wichtiger Lernschritt, den du dir nicht ersparen solltest.

Du musst nur aufpassen, dass du nicht als „Orakel" missbraucht wirst. Es gibt viele die versuchen, deine Fähigkeiten für sich selbst zu nützen. Ach bitte, channle hier mal und bitte das mal. Es wird zur Selbstverständlichkeit, dass du immer für alle Channeling betreibst. Spüre immer in dich, ob es passt oder nicht. Auch ich habe es erst lernen müssen, damit umzugehen. Sicher gibt es in meinem Umfeld Personen, für die ich jederzeit channle. Aber eigentlich nur dann, wenn es für mich gut ist. Und wenn ich mal nicht will – dann sage ich: „Es kann ein paar Tage dauern".

Philipp, 11 Jahre

Die oberste Priorität ist, dass ich mich wohl fühle – nur dann kann ich für andere Menschen channeln. Und es macht keinen Spaß, wenn deine Freunde es als selbstverständlich ansehen, dass du ihnen immer alles channelst. Man muss es ihnen schon klar machen, denn sonst wird es dir nicht gut dabei gehen.

Es werden auch Gespräche kommen, wo deine Freunde mehr Zuwendung von dir wollen. Du hattest doch sonst auch immer Zeit für sie, und jetzt ist sie begrenzt. Es kann sehr leicht sein, dass sich einige der Freunde abgeschoben vorkommen. Kläre das und merke dir gut: Das ist nicht dein Thema, sondern das Thema deiner Freunde.

Es ist an der Zeit zu akzeptieren, dass sich mit dem Channeling vieles in deinem Leben verändert.

Nadine, 10 Jahre

Die Öffentlichkeit und DU – das Outing

Wir leben momentan in einer Zeit, in der Channeling noch immer ein bisschen von der Seite angesehen wird. Dabei ist es doch etwas ganz Normales.

Ich habe angefangen, dass ich es erst meinem engsten Umfeld erzählt habe. Meine Freunde sind mit diesen Themen vertraut, ich wurde bestärkt und das war ganz wichtig für mich. Es ist auch wichtig, erst dann an die Öffentlichkeit zu gehen, wenn du dir sicher bist, dass es für dich passt.

Ich habe mich dann Schritt für Schritt weiter gewagt. Man kann dies einem Outing gleichsetzen. Ich musste immer damit rechnen, dass ich auch negative Reaktionen erhalte. Viele Menschen haben Angst vor dem Neuen. Angst vor dem Unbekannten. Und Channeling können die meisten Menschen nicht zuordnen. Aber es werden immer mehr.

Auch heute noch begegnen mir Menschen, die sich nicht trauen, mit mir zu sprechen oder sich mit dieser Thematik zu beschäftigen. Ich möchte niemanden davon

Jonathan, 9 Jahre

überzeugen. Jeder soll seine Meinung haben. Jeder hat das Recht auf Akzeptanz.

Sobald du an die Öffentlichkeit gehst, werden sich Lob und Kritik einstellen. Lerne, damit umzugehen.

Katharina, 11 Jahre

Vorbereitung aufs Channeling

Du brauchst am Anfang auf alle Fälle einen ruhigen Ort, wo du ungestört bist. Wenn deine Kinder durch das Haus tollen und du mit einem Ohr immer hören musst, ob es kracht, ist das nicht gut.

Du sollst auch schon vorher ein bisschen zur Ruhe gekommen sein. Der Zeitpunkt, wenn du gerade nach Hause gekommen bist, den Kopf noch voller Gedanken über den vergangenen Tag, ist ebenfalls ungeeignet.

Klara, 6 Jahre

Das 1. Channeling

Sei nicht traurig, wenn es beim ersten Mal nicht funktioniert. Es kann seine Zeit dauern.

Nimm dir einen Zettel und einen Stift und schreibe dir ein JA und ein NEIN auf.

Zünde eine Kerze an und versuche am Anfang beide Beine am Boden zu halten.

Lasse dich einfach in eine Konzentration fallen.

Der Stift muss mit der Spitze nach unten auf den Zettel zeigen und aufliegen, denn sonst kannst du ja nicht sehen, wohin er seine Linie zieht. Halte den Stift nicht zu verkrampft aber auch nicht zu leicht. Es sollte der richtige Druck sein. Schließe deine Augen, damit du dich leichter konzentrieren kannst.

Rufe zum Wohle aller Beteiligten deinen Schutzengel. Wenn du merkst, dass sich der Stift bewegt (Öffnung des Kanals), dann stelle ihm eine Frage. Eine einfache Frage.

z. B: Bist du mein Schutzengel?

Er wird dann ins JA ziehen.

Du kannst ihm jetzt deine Fragen stellen. Wenn du mit dem Channeling fertig bist, dann bedanke dich bei ihm für seine Unterstützung.

Wichtig ist am Ende der Sitzung das Bedanken und damit auch das Schließen des Kanals.

Der Kanal öffnet sich dort, wo sich bei uns Menschen das Kronenchakra befindet. Es kann auch sein, dass du ein leichtes Kribbeln spürst oder dass dir kalt wird. Dies ist ganz normal. Andere wiederum spüren ein Ziehen an ihrem Kopf. Auch ein Ziehen in der Lunge ist schon vorgekommen. Du gewöhnst dich daran. Diese Symptome müssen nicht sein, können aber vorkommen.

Mit dieser Methode musst du nur darauf achten, dass du Fragen stellst, die mit Ja oder Nein zu beantworten sind. Wenn du mit dieser Art und Weise vertraut bist, dann kannst du nach einiger Zeit zum Schreiben übergehen.

Zum Schreiben gehst du über, indem du deinem Engel fragst, ob er dir die Antworten aufschreiben kann.

Lasse ihn mit Ja oder Nein antworten.

Wenn ja, dann halte deine Augen geschlossen, den Stift leicht in der Hand, sodass der Engel den Stift führen kann. Im Anschluss siehst du eine Zeichnung, wie das „Geschriebene" aussehen kann. Bei diesem Bild wurde der Schutzengel zusätzlich aufgefordert ein Selbstbildnis zu malen. Dazwischen sind immer wieder geschriebene Antworten.

Bitte deinen Schutzengel, dir die Antworten aufzuschreiben. Es wird funktionieren.

Channeling ist eine reine Übungssache. Je mehr du übst, desto leichter und schneller wird es dir von der Hand gehen. Bis zum Hören muss es kein weiter Weg sein. Du musst es nur wollen. Aber bitte Schritt für Schritt. Erst wenn du eine Methode beherrscht, gehe zur nächsten weiter.

Und dann steht auch einem Channeling für deine Freunde nichts mehr im Wege. Sei dir immer sicher, was du machst und wie du mit den Informationen umgehst. Schalte deine Gedanken aus. Und lasse der geistigen Welt das Reden über, grins.

Ein Channel für die Leser dieses Buches

And so it is, liebe Shaumbra. Es freut uns zu sehen, dass sich vieles entwickelt und dass immer mehr Menschen Zugang zu uns finden. Uns? Heute ist Tobias anwesend. Ich möchte euch einen Teil eures Lebens begleiten.

Vertraut euch selbst und euren Kräften. Alles kann funktionieren, wenn ihr es euch zutraut. Channeling ist eine Fähigkeit, die ihr alle in euch habt, schon seit Zeiten von Atlantis. Nutzt diese Fähigkeiten. Tretet aus dem Massenbewusstsein aus und schreibt eure eigene Geschichte.

Werdet der Schöpfer eures Lebens. Vertraut euch. Wir sind nur da, um euch zu begleiten. Die eigentlichen Lehrer seid ihr für uns. Wir sind immer ganz begeistert, wenn wir sehen, welche Wege ihr geht. Ab und zu ist uns aber auch zum Lachen, wie schwer ihr euch alles macht.

Lasst eure Energie fließen und dann werdet ihr sehen, was ihr alles bewegen könnt. Es sind natürlich auch viele alte Geschichten und Karmen da zum Lösen. Wir helfen euch. Wir unterstützen euch. Werdet der Schöpfer eurer

Yvonne, 9 Jahre

Realität. Und schaut euch eure Realität an. Es gibt so viele davon, nicht nur eine einzige.

Ihr entscheidet, ob Fülle und Reichtum in euren Leben einen Platz haben. Wir hören euch immer wieder sagen: Warum habe ich keine Geld? Warum passieren mir immer diese schrecklichen Sachen? Weil ihr eure Realität so geschaffen habt. Das braucht ihr nicht. Wählt eine andere. Schaut euch eure Potenziale an und lebt mehrere Realitäten.

Wir können euch nicht helfen, die Fülle in euer Leben zu bringen, das ist euer Thema. Wir können euch nur aufzeigen, wie ihr lernt, eure Realitäten zu ändern. Mehr Bewusstsein. Klärt eure alten karmischen Geschichten und dann geht den Weg, der für euch bestimmt ist. Ihr braucht kein Leben in Armut führen. Ihr braucht auch keine Arbeit zu haben, die euch keinen Spaß macht. Seid Schöpfer und lebt auch so.

Habt Vertrauen zu euch. Viele von den Menschen, die zu uns auf die andere Seite des Schleiers kommen, haben ihr Leben nicht genossen. Wir fragen immer wieder nach. Lebt! Genießt euer Leben! Auch wenn jetzt viele von euch denken, die reden sich einfach. Das ist nicht so leicht. Doch, ist es. Macht es euch selbst. Viele beschweren sich nur und jammern. Ich bin so arm. Ich leide so. Aber nur du selbst kannst etwas daran ändern.

Bei manchen können wir nachhelfen, aber entscheiden und leben müsst ihr es selbst. Ihr, die Menschen, sind auf unserer Seite sehr angesehen. Wir bewundern euch für eure Entscheidung, auf der Welt zu leben. Es ist für uns eine Ehre, mit euch zu arbeiten. Noch dazu in dieser bedeutsamen Zeit, wo sich die Erde langsam verändert und viele alte Geschichten losgelassen werden.

Viele von uns kommen genau jetzt auf die Erde nieder, denn die Zeit ist geradezu grandios. Es wird sich sehr viel verändern. Das Bewusstsein verändert sich. Das Massenbewusstsein wird immer kleiner. Immer mehr Menschen steigen aus diesem aus und leben ihr Leben. Es ist einfach wunderschön zu sehen, wie sich alles entwickelt.

Menschen, die ihr Leben lang in einer Arbeit gefangen waren, steigen aus und gehen neue Wege. Sie haben sich eine neue Realität geschaffen. Der Mut zur eigenen Realität steigt von Tag zu Tag.

Natürlich gibt es auch viele Katastrophen auf der Erde. Seuchen verbreiten sich, die Umwelt reagiert mit Hochwasser und Orkanen. Aber diese basieren auf eurem Wunsch. Alles soll gereinigt werden. Die Energien in manchen Bereichen der Erde sind schon so verschmutzt, dass es nur noch auf diesem Weg gehen kann.

Liebe Shaumbra, lebt euer Leben und genießt es in vollen Zügen. Und keine Scham und keine Schuld für ein Leben in Glück, Freude und Fülle. Es ist eure Realität. And so it is.

Anna-Maria, 7 Jahre

Was Menschen nach bzw. bei einem Channeling erleben habe ich im Zuge dieses Buches einige meiner Klienten gebeten, ihre Erlebnisse niederzuschreiben und mir zur Verfügung zu stellen. An dieser Stelle möchte ich mich bei all meinen Klienten bedanken, die mich bei meinen diversen Aktivitäten unterstützt haben.

Carsten aus Steyr schreibt:

Da ist diese kleine Stimme, die ständig, mal leise mal lauter fragt:"Wer bin ich? Warum bin ich hier? Was ist meine Aufgabe?"

Diese Fragen tauchten also irgendwann ziemlich „laut" bei mir auf und ließen mir keine Ruhe mehr. Ich durchlebte damals eine ziemlich schwere Zeit, in der sich mein Leben in Luft aufzulösen schien. Damals wusste ich noch nichts von Channeling, der Möglichkeit, mit der Quelle oder besser gesagt mit einem Aspekt dessen, in Verbindung zu treten. Ich hatte damals nachts einige ziemlich interessante Erlebnisse, die mich sehr berührten, aber an deren Existenz ich nicht vorbei kam. Ich erinnerte mich daran, dass ich schon im Jahr 1994 das erste Mal solche Erlebnisse hatte, sie aber in dieser Zeit mit aller Macht bekämpfte. Da war die Angst vor „bösen" Mächten, die Besitz von mir ergreifen wollten, wer würde da nicht auf

Abwehr gehen! So gingen diese Erlebnisse vorbei, aber sie kamen auch beständig wieder zurück.

Ich musste also etwas finden, was mir diese Dinge erklären konnte und so fing ich an, mich überall umzusehen. Ich las Bücher und schaute im Internet nach allem, was mir interessant vorkam.

Da las ich von Menschen, die mit anderen Wesen, die nicht von dieser weltlichen Dimension stammen, kommunizieren konnten. Ich hörte davon, dass unsere Seelen „außerirdisch" seien, dass es Engel wirklich gibt und so fort. Mir schien es anfangs doch recht absurd! Ja, der Gedanke, dass meine Seele und das bin ja eigentlich „ich", von da draußen sein soll, der löste doch Unbehagen und Skepsis aus. Ja, ich lachte sogar darüber. Ich lachte, aber etwas ließ mich nicht los. Es war wieder diese kleine Stimme in mir, die mich wieder und wieder, und ziemlich geduldig, in diese Richtung führte. So oft ich die Dinge in Frage stellte oder die Bücher darüber beiseite legte, etwas sagte mir, dass da wirklich etwas dran ist.

Etwa im Jahr 2003 trat eine radikale Wendung in meinem Leben ein. Ich überdachte sämtliche Umstände in meinem Leben. Meine Beziehungen zu anderen Menschen, zur Welt und über die Dinge, die ich wollte und die ich nicht mehr wollte und meinen Beruf. Etwas ist damals ins Rollen geraten, dessen Tragweite mir nicht bewusst war. Meine nächtlichen Erfahrungen hatten inzwischen eine neue Dimension erreicht. Ich hatte Träume, in denen ich voll bewusst die Kontrolle hatte und die ich kristallklar wahrnahm. Ich hatte spontane Austritte aus meinem Körper und ich spürte manchmal dabei auch die Anwesenheit von Wesenheiten. In den Anfängen nahm ich zwar den Austritt und die Geschwindigkeit des Fluges wahr, allerdings sah ich dabei nichts. Wie viel Vertrauen man dabei entwickeln muss, ist nur schwer in Worte zu fassen! Ich wusste nur eines, diese Dinge waren absolute Wirklichkeit und ich wusste, dass ich nicht verrückt war oder mir die Dinge nur einbildete.

Die Frage nach einer Antwort wurde also dringender und dringender.

Wie das Leben so spielt, lief mir Karina, die Buchautorin, im Jahr 2006 über den Weg. Eigentlich ist sie mir vor unserem ersten Treffen schon mehrfach begegnet, nur wusste ich natürlich nichts von ihren Gaben. Ich geriet also durch interessante „Zufälle" zu „Angel-on-Earth" und ich weiß noch, dass ich in aufgeregter Stimmung bei ihr anrief. Dieser Hilferuf wurde gehört. Unsere erste Begegnung war dann von: „Ach dich kenne ich doch schon!", geprägt. Erleichterung!

Viele Dinge wurden mir von Karina gechannelt, viele Dinge sind mir klarer geworden. Nicht nur, dass ich meine Angst ablegte, ich veränderte meine Weltsicht und erweiterte sie um ein Vielfaches. Durch das Ablegen der Angst erfuhr ich eine neue Dimension in Bezug auf meine nächtlichen Ausflüge und Erlebnisse, die bis heute andauern. Es ist unbeschreiblich und ein permanenter, sich vollziehender Wachstumsprozess

Channeln ist für mich eine Bereicherung und eine Hilfe, diesen Weg zu gehen. Es ist wichtig zu erwähnen, dass absolut niemand anderer als wir selbst, die Entscheidungen und Veränderungen in unserem Leben treffen sollen. NUR wir haben das Recht und in meinen Augen auch die Verpflichtung, die Verantwortung in unserem Leben zu übernehmen. Keine höheren Mächte werden uns jemals sagen, was wir zu tun oder zu lassen haben und hier erkennt man in meinen Augen auch einen guten Kanal. Ist die Botschaft mit Liebe, Weisheit und Respekt gekennzeichnet? Hört sie sich stimmig an, auch wenn der Verstand manche Dinge einfach nicht erfassen kann? Und wichtig: Welche Gefühle löst die Botschaft aus? Wir sehen momentan nur einen kleinen Ausschnitt von den Dingen, aber auch das wird sich ändern.

Mel aus Tamsweg schreibt:

Ich kam nicht ganz „jungfräulich" zu meiner ersten Channelsitzung bei Karina.

Davor war ich schon bei zwei anderen Channels. Beide waren auf ihre Weise sehr gut. Nur bei Karina machte ich die überaus positive Erfahrung, eine sehr heimelige und sichere Atmosphäre vorzufinden. Ich hatte von Anfang an das Gefühl, einer langjährigen, lieben Freundin gegenüberzusitzen und mit ihr völlig ungezwungen über mein Leben zu plaudern. Sie vermittelte mir nicht das Gefühl, dass sie die große Meisterin sei und ich mir vor lauter Ehrfurcht wie ein kleines Würmchen vorkommen musste. Im Gegenteil. Ich fühlte mich ihr ebenbürtig und das half mir, mich richtig zu öffnen.

Ich bekam sehr klare Antworten auf meine Fragen. Teilweise so zugeschnitten, dass ich zu diesem Zeitpunkt gut damit umgehen konnte. Dadurch fiel es mir leichter, belastende Dinge schneller loszulassen, um in weiterer Folge offen für Neues zu sein.

Ob es nun meine neue Wohnung war, die ich davor 1 Jahr verzweifelt und verbissen gesucht hatte oder ein neuer, wahnsinnig liebevoller Partner, den ich zuvor bestimmt nicht in mein Leben gelassen hätte (da er nicht in mein damaliges Lebenskonzept reinpasste). Ich kann nur sagen, dass mir nur diese einzige Sitzung sehr schnell zu einem positiven Wandel in meinem Leben verholfen hat.

Erich aus Linz schreibt:

Ich war sehr überrascht von der Leichtigkeit und Klarheit, die in der Channel-Sitzung mit Karina vorhanden war. Nichts Mystisches oder Spektakuläres, sondern einfach „Channeln", so wie Suppe kochen auch etwas ganz Natürliches ist. Mein Fragenkatalog hat sich schnell auf einige Schwerpunkte reduziert und ich konnte leicht die Zusammenhänge erkennen. Ein Schlüsselerlebnis war der Hinweis auf einen alten Seelenaspekt aus einem vergangenen Leben, der mich noch begleitete und beeinflusste. Schlagartig stand dieser junge Mann vor mir und ich konnte sein ganzes Elend, seine Dramen fühlen, mit tiefstem Verständnis und herzlichster Liebe. Und wenn es dann Zeit ist, kann ich diesen Aspekt meines Selbst loslassen und durch neues Potenzial ersetzen. So wie jeder von uns in jedem Augenblick die Freiheit zur Entscheidung hat. Denn wir sind alle „Auch-Gott".

DANKE AN DIESE WUNDERVOLLEN MENSCHEN UND ENGELN

Wichtig ist nicht der Dank im gesprochenen Wort, sondern die Umsetzung im Leben.

Ich möchte allen Menschen danken, die mir geholfen haben, meinen Weg zu gehen. Einen Weg, der nicht immer leicht war und doch so erfüllend ist.

Meiner großen Liebe Dietmar, der mir immer den Rücken stärkte und mir bei meinen Entscheidungen zur Seite gestanden ist. Seine Liebe zu mir war meine größte Kraft und Unterstützung in den Jahren unserer Zweisamkeit. Dass er mich regelmäßig auf den Boden zurückholt, wenn ich meine Flügel zu weit nach oben gestreckt habe. Danke.

Meinem Onkel Erich, der wie ein großer Bruder für mich ist, und mir immer wieder Anstöße für meinen Weg gegeben hat. Er hat mir beigebracht, mich zu öffnen und meine Gefühle fließen zu lassen. Er ist ein wichtiger Berater in meinem Leben. Danke.

Meinen Freundinnen Ingrid, Melanie und Petra, welche immer für mich da waren und mich gestützt haben. Auch wenn die Lage manchmal schwierig war, sie nahmen mich an der Hand und haben mir eine Alternative aufgezeigt. Danke.

Meiner Freundin Helga, die mir auf ihre Art immer wieder ein tolles Feedback für meine Aktivitäten gegeben hat. Sie hat mich unterstützt und mir beigestanden. Keine Arbeit war ihr zu viel. Und sie hatte viel Arbeit durch mich. Danke.

Meinen Engeln und Lichtwesen, die es am Anfang mit mir nicht leicht gehabt haben. Und mein besonderer Schutzengel, der durch mich einen 40 Stundenjob hat. Er hat mich nie im Stich gelassen und war zu jeder Tages- und Nachtzeit für mich da. Danke.

Und meinen Klienten, die mir ihr Vertrauen gegeben haben und durch die ich noch mehr lernen und meinen Weg mehr ausweiten konnte. Danke euch allen.

Lucas, 8 Jahre

Als mein Sohn Christoph seinen Schutzengel zeichnete, freute ich mich sehr. Der Engel ist ein wundervolles Wesen und gefiel mir außerordentlich. Jeder Mensch hat sein eigenes Bild vom Schutzengel, und jeder Engel, ganz gleich, wie er aussieht hat seine Berechtigung. Das sieht man besonders deutlich an den Engelzeichnungen der Kinder, die sich in diesem Büchlein befinden.

Kinder sind sehr offen, ein Erwachsener läßt sich bereits von äußeren Einflüssen beeindrucken. Deshalb sind Engelzeichnungen von Kindern auch so wertvoll und ursprünglich.

Ich bedanke mich bei „meiner" Volkschule 10 in Linz, aus dieser Schule kommen die meisten Engelzeichnungen.

Zum Abschluss ein paar Gedanken von mir

Ich freue mich sehr, dass du dir dieses Buch gekauft hast. Dass Channeling ein Bereich in deinem Leben ist oder durch dieses Buch erst wird.

Bei Interesse an einem Channel-Kurs, an einer persönlichen Channelsitzung oder E-Mail-Beratung kannst du gerne Kontakt mit mir aufnehmen.

www.angel-on-earth.com
karina@angel-on-earth.com